붕어빵이 행복한 이유

설상환 시집

시와사람

국립중앙도서관 출판시도서목록(CIP)

붕어빵이 행복한 이유 : 설상환 시집 / 지은이: 설상환. --
광주 : 시와사람, 2014
p. ; cm. -- (오늘의 시와사람 ; 072)

ISBN 978-89-5665-403-4 03810 : ₩10000

한국 현대시[韓國 現代詩]

811.7-KDC5
895.715-DDC21 CIP2014019702

이승은
설설 끓는
뜨거운 가마,
난 무얼 끓이나.

■ 자서 ■

삶의 일상적 정황 속에서
걷어 올린 나의 분신 같은 시
한 여름 땅의 열기를 쓸어 담는 빗줄기 같은 시
어둠을 밝혀주는 가로등 같은 시
약자의 변론자, 시대의 대변자, 역사의 증언자 같은 시
어떤 이에게는 꽃잎의 속살거림으로
어떤 이에게는 가시로 다가가는 시
이 같은 편린들을 줍기 위해
낚시꾼의 긴장된 손끝이 되어 살아온 시간들,
그 여정을 어찌 다 형언 할 수 있으랴
뒤돌아보면 감개무량(感慨無量)할 뿐이다.

제 2시집을 내겠다고
김 종 회장님께 달려가 '해설'원고를 받아놓고
터널 속에 잠들어야했던 나의 분신들
이제사 깊은 잠을 깨워 얼굴을 씻기고 분단장을 마친다.
세상은 천태만상, 보고 느낀 가슴들 또한 천태만상일터
묵묵히 나의 길을 가련다.
늦게나마 김 종 회장님께 깊은 고마움을 드리며,
본의 아니게 어둠에 갇힌 나의 분신들에게
빛을 선사한 나의 사랑하는 아내에게
고마운 꽃다발 전한다.
이 시집을 발간한 《시와사람》의 강경호 시백님,
관계자 분들께도 깊은 고마움을 드립니다.

2014, 갑오년 여름 빛고을 용봉동에서
시인 薛相煥

| 차례 |

2 둥근 저 달 속에

3 무등을 바라보며

4 물레

5 이용사의 노래

6 민조시(강천산 테마시)

1

고향 하늘 달이 뜨면

외할머니댁

건너 마을 새터매우
당산나무
자지러진 매미 울음 따라
어머니 손잡고
타박타박 외할머니 댁 가던 길

텃논 우북한 미나리깡
뛰는 개구리 뒤쫓던
씨암닭 요란한
논둑길 지나
상머슴 김서방 왕눈 굴리며
멍석 엮던 사랑채 앞마당
나물이며 고추며 여름 가을이 널려있는 거기
외할머니 댁 있었지요.

큰외삼촌

서슬 퍼런
외할아버지의 꿈
큰외삼촌 일구시고
교단지기 한평생에
건강 백세 못 채우고
하늘 가신 큰외삼촌
그 큰 업적
누대 잇는 교사 아들 두셨으니
슬프도록 아름다운 인광
영세토록
고향 산천 혼불로 피소서.

전원(田園) 1

종달이 높이 날고
아지랑이 춤추는 들판
죽기보다 힘든 삶을 위하여
소망의 씨앗을 심고
또 그렇게 가꾸고 있다.

밋밋한 구릉 긴 허리에
텃새가 목메어 울고
아슬한 뒷산자락 산꿩이 난다.

40대 여인의 속살보다 더 진한
뙤약볕 흙을 보듬다
무논 개구리 피로 우는 해질녘
무거운 그림자를 끌고 귀가할 때는
살가운 육신만이 절룩거렸다.

전원(田園) 2

낮은 곳에서 뜸부기가 가냘프게 운다.
들꽃은 들꽃끼리
박꽃은 박꽃끼리
서로의 살을 껴안고 울고
수척한 얼굴들은 수시로 보채며
더딘 걸음으로 밀려가는 계절,

이마를 짚고서 뒤돌아보면
철새들은 땅을 차고 높게 날으고
타인의 숨소리도 들리지 않는다.

단단한 몸짓
긴 호흡으로 손을 펴보면
고독한 욕망만이 꿈틀거린다.
보라
속살대는 바람결 속 품은 어머니 땅에
달, 달이 뜬다.

전원(田園) 3

진노랗게 가을이 익어간다.
탁 트인 청옥빛 하늘
광활한 들판
농가의 비밀스런 야무진 소망들이
가을의 문턱에서 가장 아름다운 모습으로
알알이 맺혔다.

한 시절 고달픈 시련의 아픔을 다지다
붉게 터져 물든 인고의 눈물인가
땀방울들이 맺히고 맺혀
인정으로 가득찬 계절의 산물인가

고독한 사람들은 이미 떠나버리고
풍요로운 사람들이 모여 사는
약속의 땅
마지막 단맛이 익어가는
비대한 시간을 위하여
성근 바람을 타고 떠오른 달아
지상의 사물들을 애무하여라.

전원(田園) 4

눈발이 날리면
누렁이 활개치는 꼬리를 따라
앞산 이마 쩡쩡 울린
한마당 굿판이 된다.

당산 언덕 위
할아버지 할머니
익살스런 웃음 사이로
수심 서린 은하수 총총히 밝고
주름 깊은 아낙들 층층한 살림
모닥불로 피어오른 마당 가운데
찬바람도 한바탕 휘돌아 가면

정갈한 눈빛으로
살아가는 법을 고즈넉이 말하는
전원 속의 사람들

죽순 같은 희망으로
그 자리 그대로 서서
하늘을 우러러 눈을 뜨는
천상의 사람들.

옛 집을 지나며

옛 시골집 냉갈 솟는 굴뚝을 보면
유년시절이 아련하게 피어오른다.
빙 두른 흙담장 안 널따란 대지
여덟 칸의 기와집 행랑 네 칸
낙원이라 꿈 키운 정원엔
무성한 온갖 화초와 벌나비 떼

가을밤이면
소쩍새 앉아 울던 두레박샘 가
오동나무 잎새 나부끼는 소리
눈발 휘날려
하얀 융단의 천지가 되면
대문채 사랑방 콩깍지 지피며
쇠죽 끓이던 홍서방 곁에서
고구마 구우며 겨울을 녹이고

연못 속에 떠오른 달빛
커가는 동심의 꿈새
지금은 본채만 남아 을씨년스런 전경
아아 이 겨울 혼자뿐인 고독

내뿜은 담배연기가
가뭇없는 구름처럼 흩어 날린다.
돌아올 수 없는가
어린 날들의 추억이여.

꿈꾸는 들녘

꿈꾸는 들이 있어 나는 좋더라.
다수는 휘황한 불빛 잡으러
저 산 넘어 떠나가고
메마른 땅 가꾸며 씨앗 뿌리며
봄날에 논밭 소모는 소리
뻐꾸기 우는 산울림 내리는 이곳

질펵하게 살아온 오랜 세월이
버려진 수레바퀴인 양 비에 젖어도
늘어진 버들 그늘 달 차 오르면
조그마한 무지개가 넘실거리는 곳

찬비 속에 천둥치는 그런 날에도
예사로이 버티어가며
날으는 텃새 전설을 적고
나 여기 살아가련다.

고향 풍경

나를 따르는 그림자와
먼지에 덮힌 풀섶길을 걷는다.
다리 밑 시냇물 속 달빛이 애처롭다.
옛날에 부르던 노래를 뇌리는 되새김하며
수 없는 방황의 그림자에 싸여
발을 헛딛게 한다.

긴 세월의 비바람 고난의 여운이
갈색으로 바랜 풍경으로 보인다.
다시 시작이다던 아버지의
온 힘 쏟아 개간된 전답과
밤나무 숲에서 아버지의
큰 기침 울린 듯

한동안
나의 꿈을 키우던 언덕빼기
예전의 축사터가
당시의 애환 속으로 끌고만 간다.
이 고향 전원 풍경은
어느 도회지에서 온 손길에 싸여 숨쉬고 있다.

보리밭

척박한 비탈땅에도
아지랑이 피어오르는가
눈가를 벌름인 채
하루해는 길어만 가고
짚새기 다 닳아 부르튼 발 절룩거리며
한 시대가 부상열차로 달려온다.

사위(四圍)의 파리한 햇빛
시린 어깨 허리를 감고
뱃속으로 파고 들었다.

핏기어린 얼굴들은 풋보리를 거두어
주린 창자를 채우고
허리 굽은 흰 머리 민비녀로
흰 달이 떠올라
큰 아버지 푸성귀 뜯어 나르던
발채 사이로 달빛이 서린다.
보리밭 그 이랑으로.

들녘

높낮은 구릉들 사이
한 움큼 벼이삭을 거머쥐고
기를 써 일어서는 등골이 보인다.

찬서리로 덮으려는
먼 산의 능선을 타고 오는
앙칼진 바람 소리에
이랑마다 움츠린 농부들의 삶
진절머리 넌덜머리 곪아터진
들녘이 술렁인다.

내동댕이친 삽자루 낫자루가
을씨년스런 햇살 아래
말뚝처럼 못 박혀
비쩍마른 허수아비 벗하며
꼼지락대는 이 들녘
어디로 이고 갈거나
별들만 무성하게 목메인 들녘에
들풀만이 바람에 나부낀다.

어느 농부의 죽음

초가지붕 밑 온돌 바닥
넝마조각으로 기운 옷
벌거벗는 채
하얗게 두러눕는 죽음 위에 달이 고였다.

달을 따라 길고 긴 들녘을 따라
지겟다리 작대기에 육자배기 장단 맞추며
뙛장밭 쇠스랑 잡고 개간 하던 손
커다란 노동의 줄기에서 갈라지는 손

풋나락 갉아 먹는
온갖 해충과 농약 싸움에
얼굴 부어오르고
빚더미 농부
살져가는 대부상환(貸付償還)
되돌아오는 물거품 농사
아득하기만 한 입원비 노래부르다
영원히 눕고 말았는가

들녘의 억새꽃들이

땅의 아들딸들이
평화로운 아침의 꽃을 짜고 있었다.

비 오는 날

비는 내리고 바람이 분다
나무도 곱게 서있지 못한다.
빗줄기를 피해 일부는 제 집으로
일부는 그렇게 비를 맞고 있다.

휩쓸어 갈 것 다 휩쓸어가고
풀뿌리 하나 온전하지 못하다

비는 우리들 가슴 속까지
축축히 젖어 있다

비 온 뒤
땅은 더 굳은 다는 격언만이
그 들 침묵 속에
흐르고 있다.

추수

이슬을 터는 삽과 낫들이 길을 나섰다
어깨에 멘 삽은 하늘을 받치고
논두렁에 발을 디딜 때마다
삽으로 낫으로 찍혀진 벼들은
신음을 했다

논두렁 길이만큼이나
이 땅을 지켜온 정이
올 수해 때의 마음을 알아야 했고
추수에 대한 걱정을 해야만 했다

넝마보다 더 닳아 문드러진
논배미의 발자국들이
오늘 아침은 유난히 빛나 보이는
이슬을 담고 있다.

쌀

잡풀들이 점령한 질척이는 논
개구리들은 잠을 깨면서부터 아프다

살아남기 위하여
건강한 웃음으로
굵직한 힘줄을 풀며
땅을 향해 농민가를 부를거나
휘모리를 부를거나
하늘은 터무니 없이 낮아보여도
위대한 생명의 끈은 땅으로부터 이어진다고
서스레한 모습으로 숨죽인 한마당
소같은 시를 쓰고 있다

땀방울들이 끝내 살아남아
쌀톨로 되새김질해 가는 들판
흙먼지 얼굴들은 하얀 이를 드러내놓고
해 맑은 아이처럼 번져가는 햇살의 꿈
쌀을 쪼는 참새들은 알까

하나 부끄럼 없는 알몸으로 누워 있는 땅
우리 곁 개구리들의 합창은
현재도 미래도 우렁차야 한다
풍요롭고 평화로운 시골 풍경을 위해
쇠북을 친다.

농가

예삿일이 아니다
가족 삼대 정겹던 농삿일
그 시절 간 데 없고
산업화 핵가족 시대
뿔뿔이 흩어진 오늘

때로는 늙은 내외 밤 깊은 한숨
그 한숨은
푸르고 질긴
농가의 꺼지지 않는
불빛이 되어
눈물겨운 대지의 아침을
깨우고 있다.

씨앗

나는 나의 길을 갑니다.
나는 나를 희생함으로
나는 나를 영원히 존재케 합니다.

한줌의 흙
한줌의 이슬
한줌의 햇살에
나는 기쁨으로 이 한 몸 바쳐
희망으로 솟는 새 싹입니다

기억된 지난날들을 더듬으며
나는 나의 길을 갑니다.

민중텃밭

- 그제 어제 그리고 오늘

부잣집 샌님네들 곧추등 오래 살고
품팔이 곳한들은 곱사등 곱작곱작
회갑도 못 넘기고 황천길 떠났다지.

농사철 숨이 헐떡 소 몰아 논밭 갈고
보리밭 풋나물 긴소리에 힘이 솟아
논배미 흙을 고른다 두세 벌 써레질.

모찌고 심을 때도 논매기도 힘차는데
징소리 흥을 돋네 허허 허이 에헤야
두레꾼 들노랫소리 골따라 흐른 텃밭.

만도리 풍장할 때 논바닥 밟고 농약치고
지심매기 끝나면 소타고 어헤둥둥
마당에 술동이 둘러 저녁내 놀았다지.

진흙에 뿌리박고 논두렁 질긴 삶
개혁 개량 바람타고 고달피 털어내고

후계자 희망을 걸고 토닥거린 푸른 손.

논밭을 넘나드는 땡볕도 아랑곳 않고
논물 날을세라 어린 모도 내야 하고
잠 설친 작물 걱정에 들판으로 뛰어간다.

밀쳐놓은 보리걷이 감자수확 콩 심는데
조여드는 찬바람 마음 구석 시름 깊다.
겨레 얼 신토불이 갈퀴 같은 손가락들.

청산도 둘러앉고 구름도 쉬엄쉬엄
고추장 상추쌈 털털한 막걸리 맛
적막이 쌓인 들녘 농부가는 어데 갔나.

젊은이들 이농으로 엉키는 안개 속을
바지춤 치켜 매며 구입한 영농기계
메마른 이랑 사이로 땀방울이 흐른다.

2

둥근 저 달 속에

떠나는 날

아미산 자락
연꽂동산 구릉에 선 집
훌쩍 떠나면 언제 볼건가
주인 잃은 정든 전야,
참담한 가슴 안고
사산(似山) 할머니 묘(墓) 찾아 뵙는데
소리없이 내리는
가랑비 소리 애태운다

아카시아꽃 이슬
마르기도 전
떠나는 머리말에
산까치 울음소리만 메아리 진다.

일상(日常)

새벽 안개를 쓸며
햇살 사냥을 한다.

바람 나부끼는 갈대숲
가슴으로 맞으며
빈 들녘을 간다.

일렁이는
풀잎들의 노래 듣다가
사념(思念)의 실꾸리를 풀어낸다.

쉬임없던 하루 해가
서쪽 숲에 다리를 펴면
문설주 넘나들며
천장에 별 하나 매어달고
밤 하늘에 님의 편지를 쓴다.

거미

후미진 도시의 변
울창한 아파트 숲 언저리
조그만 터를 일궈 집을 친
거미
밤이면 초라한 와인등 불빛 아래
시름겨운 실바람 걸리면
이슬 맺힌 곡절을
주름 덮쌓인 덤불 속에
새김질로 토해내며
긴 밤 새워 야윈다.

자존(自尊)

운명이 나에게
명예를 준다면
나는 한사코
무관의 제왕으로 살고 싶다

폐품으로 짓이겨져
헐값에 팔려가기 보다는
가난한 사람들의
양식이 되길 원하는
낡은 책 소원처럼

가슴 애린 날
갈숲에 앉아
그루터기 온갖 상처 다독이며
그래 그렇게 살고 싶은 게다.

새

끝이 보이는 인간의 한계성

바람 속을 유유히 가르는
저 놈을 닮을 수는 없을까

때때로
바람에 실려오는 물내음 갯내음
아 - 인간 내음새
자연을 숭상하고
바람을 타고 살기에
날개가 넓어 자유로운 저 놈

저 놈처럼 지상과 바다를 무시로 내려다보며
가슴 자유로이 풍성해지는 법은 없을까

때로는
불꽃처럼 팔랑이다 소리없이 사라져 간
저 희고 고운 새가 될 수는 없을까
땅 한 모퉁이에서
끝없는 나랫짓을 하며
그 놈은 자유를 그리고 있었다.

꿈 1

꿈을 꾼다는 것은 행복한 일이다
지향적인 청사진을 그린다는 것은
또 하나의 도전이요 희망이다

뜻을 세우고
탐구하며 다듬어 간다는 것은
용기있고 슬기로운 자의 몫이다

꿈
불가능을 가능케하는
최상의 원동력이다.

둥근 저 달 속에

툇마루 걸터앉아 달과 벗삼던 시절
곰방대로 대뜸 뒷통수 갈기며
이놈아, 커서 무엇이 되려냐
하시던 할아버지 사후에도
호통소리 요란코
주먹밥 한덩이 지게뿔에 달고
강천산 넘나들던 저부재고개
딸이 뜨면
잠시 나뭇짐 벗어 놓고
소망 빌던 양철집 머슴 덩치 큰 밥보는
지금은 어느 하늘 아래서
문패는 달았을까

아파트 숲 위로 떠오르는 저 둥근 달 속에
아득한 유년의 고향이 있고
졸고 있던 추억이 살고 있었다.

아버지의 초상화 1

징이 울립니다
무대의 막이 내리고
장중한 대자연의 풍금소리도
잠시 멈출 듯 합니다

언덕위로 평화로운 달이 뜹니다.
고례리에서 태어나 잠들기까지
철새 같은 당신의 생애는 한 편의 詩였습니다.
짧고도 긴 생애에서 성취하려거든
서둘지 말라하시던 체취가
소나무 가지마다
둥근 송이로 영글어갑니다

당신으로 하여 넘겨받은
이 아름다운 세상
주역이 끝나는 날
또 넘겨야 할 당신의 詩를
여기에 바칩니다.

산마루엔 새 태양이 떠오르고
찬바람이 가슴을 스밉니다.

아버지의 초상화 2

성명 설 계 수

1915년 전북 순창 금과 고례리 출생
1927년 금과초교 졸.
1931년 일본 장기현 북송포군 시상성 고등과 졸
일본 시상성 초교 교사 6년 근무
1937년 운수업(수송)
1951년 귀환 (금과 매우마을 400번지)
1952년 순창군청 산하 산업계 18년 근무
1970년 아미산자락 연꽃동산에서 영농
1990년 용인으로 이주
2002년 음, 6.9 노환으로 귀천

연꽃

흐린 물속
본연의 자태를 꿈꾸는
본성과 이성과 감성을 지닌
자애로운 당신

어둠 속
흰 옷자락 펄럭이며
세상사 시달린 아픈 마음
달빛 미소로 어루신 당신

거대한 물줄기를 타고
본적을 향해가는 모든 이들에게
거울 되신 당신의 본적은
거대한 호수 무한대의 하늘이거니.

억새의 노래

붓으로 살아난 억새가
바람을 그린다.
바람보다 먼저 눕고
바람보다 먼저 일어서는
억새의 향연,

모습을 드러낸
투명한 바람의 선율은
감히 견줄 수조차 없다.

태양을 안은
억새의 프리즘이
시시각각
장엄한 노을빛 팔레트가 되어
현란한 시가 흐른다.

가을이 깊어 갈수록
억새는
더욱 더
온몸으로 노래한다.

아련하게 가버린 여름을 반추하며
살아남은 자들의 여정을 위해.

겨울강

겨울강
좀더 가까이 서면
강 속 깊이 흐르는 물소리만
아득히 들리고
거대한 강물속 어디쯤에서
하얀 물결들이 흔들리고 있는 동안
큰바람 큰 물결소리
작은 바람 작게 흐느끼면서
온갖 일이 태통하고 있음을 느끼네.

겨울강
좀더 깊숙이 들어서면
튼튼한 비늘 떼로 버티고 있는
고기들의 침묵
그 속에서
실핏줄끼리 어깨를 부대끼며
강 속으로 수면위로
오르내리고 있음을 느끼네.

행복한 고심(苦心)

밤은 깊은데
창 밖 세상은
온통
희뿌연 달빛으로 쌓인다

그 무게로 인해
잠이 살짝
달아나는 것일까
쭈빗한 두 귀에
둘째아이
고입 진로 한숨소리

아이는 아이대로
복잡한 미래를 그리며
고심 중인가 보다.

얼굴

마음의 표정을 비추어진
거울 속의 얼굴이 궁금하다
세월의 잔재를 머금고
삶의 뿌리에서 걸어 나온 영혼의 자화상

꿈 푸른 가슴과
주름진 미소 뒤에 숨어있는
우수(憂愁)에 이르기 까지
타고난 바탕과 후천적 환경 속에
가꾸고 닦아온 내면의 세계

운명적으로 주어진 의무와 갈등
성공을 위한,
내재된 무의식 속에 떨리는 혼의 울림

세상에 비추어진
당신의 얼굴이 진정 궁금하다면
저 투명한 거울 앞에
당신의 얼굴을 내밀어보라.

심신가(心神歌)

정신을 소제하고
마음을 비우면
성낼 일도 없으며
마음이 순수하면
어찌 하늘이 부끄러우랴

후회란 새로운 삶의 시작이며
세상은 사랑한 만큼 아름답고
가슴은 여는 만큼 풍요로우며
인내는 하는 만큼 성숙됨을 알리

설익는 느낌일랑 침묵으로 담아두고
무르익혀 향기로운 포도주가 발효되듯
익는 생각을 기다리는 현명함을 깨우리.

한 잔의 차와 시

입안을 감아도는 쟈스민의 향기
불붙듯 타오르는
내 입술에
메마른 영혼의 샘 솟구쳐
영롱한 시상(詩想)을 타면
심금 울리는 거문고 가락

쌓이고 쌓였던
천태만상 흩어져 가고
새로이 다가오는 것
사람과 사람과의
끈적한 사랑

오늘
그리고 내일도
한 잔의 차와 마주하는 기쁨

이 순간
날아오르는 시어(詩語) 하나.

노을새

이 해도 저무는 끝머리
멀거늘
석양에 앉은 새는
바쁜 날개짓 하는 여린 한숨
수없이
가슴으로 지나쳐 보냈던
이 한 장 소식을
내 어이타
가쁜 숨을 내 쉬는가

잔을 든다
비워진 만큼 사연들은 농축되어가고
빈 잔 여백 속에 넘실대는 능금빛
독백
수많은 뇌세포 시소를 타고
흐르는 사연들 한 점이
밤마다 천국의 날개를 펴
지저귀는 새여.

바람

식어들던 바람이 뜨거워지며
정지된 시간을 붙들고
휘젓은 꽃향 뒹구는 체온
열애의 대숲 길 빗나간 반란과
고전의 흰 달은 낮게 흘러가고
침묵했던 언어들이 봄비를 재촉하며
사월의 언덕으로 달려오고 있다.

내 인생 활짝 필거야

이제부터 뛰는거야
내 꿈이 열린거야

녹록한 세상 어디있어
아리던 세월
터지려는 울음을
삼켜가던 가슴아
얼룩진 가슴 비벼가며
불을 지피자

이제부터 뛰는거야
앞만 보고 뛰는거야

겨울 가고 봄이 오면
꽃이 피듯
내 인생의 꽃이 필거야
내 인생 활짝 필거야.

족두리 풀꽃

커다란 이파리 두 장 사이로
수줍은 듯 피어나는
예쁘장한 꽃

정겨운 봄바람이 불어오면서
시집 가고픈
아가씨들 속마음일까

부끄러워 빨개진 얼굴
고개 숙인 채
서서히 고개 드는 족두리 풀꽃.

3

무등을 바라보며

언덕 1

바람으로 머리를 빗고 서면
숱한 것은 걸쳐지고 떨어지고
표상은 승리의 도취감으로
여백을 지배하고
명암은 슬픈 미소가 되어
조화는 깨어지고
남지 않는 풍경이 되어
나는 한 가닥 현이 되고

가난이 싫어진 사람들이
침묵보다 무거운 흐느낌으로
미치기 시작하면
비겁자들은 피맺힌 손톱으로
속고 속이는 환상과 허무와
슬픔의 회오리바람
수많은 변형으로 빛을 띤
정처 없는 행로의 중간
정념의 시간
만 불 시대가 곤두박질 친
이야기가 적혀있는 최신 패션잡지

도립공원 하늘엔
절망된 사람들의 피와도 같이
검붉은 노을 위로 의식이 없어진다.

언덕 2

모든 것이 고독에 찌들면
이야기는 넓게 깔리고
하나 둘 모이면
쇠락하는 것들을 주워 모으는 손길
약간씩 차이나는 성격과
소리 없이 익어가는 계절이
뒷소문처럼 퍼진 후
주변에 얽히는 넝쿨
산다는 것이 언제나 후줄근하지만
일깨나 하는 것처럼 느는 신경통
모든 것이 고독에 찌들면
이야기는 얽히고
갈수록 막연해지는 모든 것
애정으로부터의 독립과 수많은 이상과의 갈등

가을이 깊어간다
한 잔의 차와 비길 수 있는 만남이란
언제나 기다림으로 설레고
인상과 같이 남은 애정의 표출
모든 것이 고독에 찌들면

뜸처럼 도시는 푸념
남들은 놉도 남는 다지만
마음 풀리면 나락보자고 주섬이는 이야기들

한 잔의 깊이와
뭇사람들의 시선과 서먹함
바람이란 점점 줄어들고 고독으로 시작되는 세월
가물거린 눈빛
달빛만 스며들 뿐.

언덕 3

피가 마르고 있다
아침이면
사랑새 지저귐도
이제는
먼 이야기가 되고
더 흘릴
눈물마저 없다

살아야 한다
급류에 잠시
떠밀려 구르다가
자리 잡은 잔모래처럼 살아야 한다.

언덕 4

살아야 한다
질곡의 이 어둠 속
얼어붙은 만큼 더 깊이
뿌리를 내려야 한다

지난 봄 그리워
눈물 흘리기 보담
의연하게 서서 바람을 다스리며
일으켜야 할 나라
숨소리 푸르게 살아
저 하늘 바라봐야 한다

눈 날리는 스산한 밤
강 건너 바라다본
이승의 불빛은 더욱 슬프다
뉘 날 여기 심었는가
뉘 무덤을 승냥이는 저렇듯 파헤치는가
뿌리 채 흔들리는 한파
쓰러지면 안 된다고 눈 부릅뜨며
지난 겨울 쓰러진 형제들의 눈물을

한껏 빨아올리며
깊이 더 깊이 뿌리를 박는다.

흙의 분노

산천을 떠나 사는 자 없거니와
살아서나 죽어서나
안식처가 아니던가,
가꾸어준 만큼 베풀어주는
약속의 땅, 어머니의 땅일 진데

의인은 드물고 이기는 우글대니
산하 널부러진 오물
죽임당한 안타까운 생명들

의식을 접고 양심을 속여도
하늘 못 가림을 어찌 모른단 말인가
자연의 은혜을 저버린
스스로 지혜롭다 자칭하는 자여
산천이 파멸하면 공멸하느니.

뱃길

– 언덕

졸졸 수심은 깊어가느냐
초목은 목이 타 울부짖는데
이토록 생생한 물소리를 어이 듣는가

잠시 멍에를 벗고 빈 마음으로
낯선 길손이 찾아와 세월을 풀어 놓으면
실핏줄 냇물들 다 불러 함께 울꺼나

흐르면 흐를수록 목마름도 더해지는데
꿀꺽꿀꺽 잠식한 침묵의 기도가
바다에는 대지의 눈물만이 넘실거린다.

웃자란 키다리 산은
머리끝까지 청솔을 키운다더니
출렁이다 부딪쳐 주저앉는 파도
어이 못난 가슴들뿐이랴

뻗으면 어디까지 뻗을 것이냐

굽이굽이 숨겨둔 수평선 노래
밤새도록 핏빛 물소리 흐르면
여기 선 너와 나 어디만큼 하냥 가고 있느냐

한치 앞도 옆도 같은 모습들
우리는 어디만큼 성장하면 하나가 되느냐
수평선 국민호는 새롭게 떴는데.

붕어빵이 행복한 이유

칸델라의 불빛아래
삶의 거짓과 위선이 걸치레한 옷을 벗고
자존심과 부끄러움을 붕어빵 속에 꼭꼭 숨기며
빵 굽는 아줌마의 사랑이 피어오른 이곳

무심코 지나던 바람도 살며시 다가와
서성이다 돌아가는 소슬한 계절
스산한 거리에서 배고픈 사람에게
따끈한 붕어방 하나 선물할 수 있는 여유와
빚덩이의 어느 재벌보다 떳떳한
부자라는 넉넉함이 풍기는 이곳

붕어빵의 따끈한 체온만큼이나 부풀어 오른
빵 굽는 아줌마의 사랑이 소복이 쌓인
빵을 먹는 사람들이 행복해하는 이유가
바로 그것이었나 보다

한시름 놓인 어둠의 파수꾼 가로등이
포장마차 위 어둠을 밝히다 깜박깜박
졸고 있는 새

쨍그렁 몇닢 동전에
붕어빵이 빛나고 있다.

무등을 바라보며

웅대한 산세
어느 봉우리가
높다 할 것 없는
모든 세계가 평등하길
희원하는 뜻 새김

전철의 장막 속에
온갖 풍상 받아내며
올곧게 뻗어 내린
의연한 어머니의 큰 품

민주의 노랫소리
평화의 나팔소리
자유의 깃발 드날린
우리들의 기상
세계 속의 성지
갈맷빛 눈부심이 영원한
불굴의 무 등 산 .

바라보며 들으며

나는 본다

세상에 널브러진
모든 억압과 비굴함

초췌한 모습으로 절망하며
죽어간 이들을

말로만 신토불이
농민의 기를 꺾고
목을 조이는 자
시장바구니 주름진 표정을

나는 듣는다

노동자와 가난한 사람들에게
가하는 모욕과 냉대
온갖 굴욕스러움

나는 심는다 이 땅위에
꿈과 화합의 나무를.

친구야 종을 울려라
- 동창회

자욱한 안개를 헤치며 찾아오는 길
정지된 그 옛날로 돌아가는 길
화살처럼 빠른 세월 잠시 비껴서
주저하며 다가오는 미래를 위하여

아쉬움에 눈물짓던 회안을 안고
푸른 날의 헛짚어온 세월을 털어내면서
모여라 친구야 뛰는 심장을 안고

그리움이 잡을 수 없는 풍선되어
터지기 전에
고운 낙엽 빛을 잃어
떨어지기 전에

시침도 묶어놓고
세월도 붙잡고
사무치게 일렁이는 얼굴들 만나러 오라
애틋한 가슴 서로 맞대고
소중한 추억 엮어 가슴에 묻자.

불나비 청춘

같은 세월을 살아오면서
누군가는 더 삭았네.

어디서 어디까지
얼굴이고 이마인지
세월을 쓸어 넘긴
빛나는 대머리 친구

마이크만 쥐면
가슴 설렌 청춘이 된다.

세월에 주름진
여유로운 웃음을
노래에 쏟아 놓는다.

우리는 한 배를 타고
세월을 떠내려가지만
여전히
사랑을 갈구하는
불 나 비 청 춘.

고향에서 부는 바람

참으로 못처럼
고향에서 바람이 불었다
이왕 불거면
세차도록 왕창 불어라

우리들 뛰놀던
아스라한 그리움으로
고향 친구들의 살가운 손짓

한 달음으로 달려온 출향친구들
둘러앉은 규윤이 딸기밭

깨울울 것들 죄다 흔들어 깨워라
하얀 딸기 꽃으로 피고 또 피워 낸
이야기는 토실 살져
옹골지게 내민 빨간 딸기 사이로
서로 반긴 얼굴빛도 붉어라

삼겹살 굽는 냄새 풀풀 날리는 논둑 너머
서성이는 낮달도 웃고 있는데

아미산 허리를 감고 도는 일주도로를 따라
노래방 구성진 노랫가락 합창소리도
그 하얀 딸기 꽃처럼
피웠다 지고 피웠다가 지고.

아름다운 사람 1

-문진 목사*를 위하여

길 위의 길, 목자의 길
섬김의 그 길 선택 받음은
전능하신 하나님의 계시었어라

날마다 절망 속에서 갈망하는
긍휼한 영혼들을 위하여
당신의 피와 생명과 빛을 나누며
구원의 길을 행하는 목자여

자비하신 하나님의 하늘보다
더 넓은 참사랑
끝없이 아낌없이
베푸신 그 권능
주님의 계시었어라

거룩한 섬김의 목자여
진정 당신의 이 영광을
영원토록 반석에 새기오니

주 강림 하실 때에
이 영광 돌리소서.

*헌혈 300회 이상, 신장 기증

아름다운 사람 2

- 이 건 재

당신은 이 세상에서 꼭 필요한 존재십니다

지역의 일꾼이자
대변인격인 구의원을 수차례,
마을금고 이사장직에 있어서도 아니며
나와의 변절 없는 20여년 우애 때문만도
아닙니다.

당신은
사회복지 효도회 일선에서
햇살을 손짓하는 봄바람
소망의 닻이기 때문입니다.

당신이 있는 곳에
한결같은 겸손과 친절이 있으며
포용과 화합과 미소가 있습니다.

당신은 어떠한 보답도 바라지 않고
그저 베푸는 것을 좋아하는
만인의 친구요 대인이십니다.

오늘도 누군가의 손을 잡기 위해
비워둔 당신의 따뜻한 손
정말 아름답습니다.

당신을 위해 노래하고
찬양하는 내 마음도 뿌듯합니다.

아름다운 사람 3

– 최병호 선생 생신 감축 헌시

임산이 나직이 송원(松苑), 하고 부르면
예, 하고 다가온 노을 낀 하늘가
애틋한 마음을 서로 맞대고
고고한 아름다운 정을 나눈
잉꼬 한 쌍을 보았습니다.

단아한 오척단신
그윽한 둥근 얼굴
사찰마다 발길 끌어 향 사룬 지극정성
보현보살을 보았습니다.

유수같이 빠른 세월을 보석같이 지배하며
인생을 열심히 읽는 훌륭한 스승을 보았습니다.

고희하고 두 해 음력 동짓달 열두 날
자손들 올리는 불로장생주 받으시고
벗님들 함께 감로주 나누며

여생도 즐거이 보헤미안의 소풍길 엮어
만수무강하시길
내 마음 붓 끝에 그려 고이 담아 드립니다.

삼각산의 아침 1

사람들은 그녀를
꽃분이 혹은 예쁜이라 불렀다.
얼마나 아름다운 예명인가
황갈색 머릿결이며
우윳빛 살결의 섹시한 얼굴

하늘그네 흔들거린 낭창한 허리는
뭇사람들의 모델이 되고
삼각산의 아침을 에너지로 충만 시킨다
얼마나 아름다운 아침인가
난 그녀가 있어 이렇듯 시를 줍고.

삼각산의 아침 2

한결같이
드넓은 가슴으로 포용해 온 산은
모든 이들을 품고 하나가 된다.

보이지 않는 엔도르핀이 번개를 치며
피안의 세계가 된다.

머뭇거림 없는 남녀노소
먼저 인사하기는
신선들의 경지가 아닌가
삼각산의 아침은
얼마나 경이로운 아침인가.

태화식당이 그립다

멀리 있어도
생각만 하면
군침이 도는
태화식당이 그립다.

광주시 동구 수기동 밀레오네 옆
골목길 따라 몇 발자국
명성예식장 앞 네거리 코너
태화식당,

어머니 맛 억수로 나는
생선찌개 그립다.

내 친구 영순이
정갈한 손놀림으로
재빠르게 차려내는 찌개백반
맛있게 드시는 손님들
그 환한 표정이 그립다.

4

물레

물레

누가 물레를 돌리고 있다
물레는 가냘프게 떨며 울었다

내가 망각한 지난날들을
꿈엔들 다시 볼세라
가슴 깊이 묻어둔 가냘픈 물레를
누가 물레를 돌리고 있다.

소라

고동(鼓動)에 녹슬어 뚫린 가슴
섬섬(纖纖)한 꿈 한 조각
한줄 목에 걸고 계곡을 나선다
안으로 감겨오는
하얀 비애
기다림은 그늘진 사슴의 눈빛
긴 회로의 모퉁이엔
사랑과 미움만 남긴 채
떠나버린 그 얼굴
그리움에 하루 해는 석양을 담고
빛바랜 염원에 무거운 발걸음
세월만 지는 소리

긴 겨울 바다에 외로운 그림자는
한 뼘 더 뚫린 절규의 설움인가
터엉 빈 마음으로
부서지는 파도소리
구름 마시고
바람 마시고
소라는 물속 제 고향을 간다.

삼월이 오면 1

삼월이 오면
안개꽃 피어나는 가슴 견딜 수 없어
섬진강을 간다

뼛속 깊이 각인된 그대 나라
모래알처럼 많은 날에 차마 못 잊어

안개비 젖은 무수한 사연
강물로 흐른 지금
옹이 비칠듯한 가슴을 연다
순결했던 사랑 더듬어

조여드는 세상 바람 안고
눈물로 기도하며
산부인과에 매달렸던 한 조각 꿈마저
끝내는 가슴에 큰 못을 치고

미련도 없다
밤나무 무성한 숲
소나무 가지에 생명을 내쳐걸고

낮달로 떠도는 그대여
나는 어쩌란 말이었더냐

그대를 알기전
내 인생의 반쪽 소설을 읽었더러면
차라리 상흔의 흔적은 없음이여.

삼월이 오면 2

어쩌라는 거야

삼월이 오면
죄인처럼 되어버린
원다리* 난간에 서서
아련히 흐르는 강물만 바라본 채
세상 모진 바람을
화장터 불빛으로 몰아가던 그대
터질 듯 혼돈된
천 근 같은 그 하루

아직도 이 땅에는
얼마나 많은 불임 부부가
소리내어 말하지 못하고
깊은 밤 지새며 한 숨 짓는
생각을 하면
차마 돌이킬 수 없는 회한을 안고
푸른 하늘에 메시지를 띄우련다
풍문으로 무심코 날리는

객쩍은 말 한 마디
표적을 향해 날아가는 비수가 됨을.

*원다리 : 전북 순창 적성면에 있는 섬징강을 가로지르는 다리

꿈이었으면 싶다

강물을 가로지른 다리 밑으로
넋을 잃은 그림자 하나를 보았다

하늘도 따라 울던 절규하는 외침도
도도한 강물 속에 주저앉고
한 줌의 절망을 뿌리던 손끝만이
눈물 젖은 가슴으로 저려오고 있었다

덧없는 시간이 흐르고
슬프게 지켜온 지난 세월이
머리를 더욱더 옥죄여 왔다

낮게 깔린 물안개 사이로
정처없는 물음표 하나가
흔들리며 서 있었다

구름을 가르며 스스로 깨어난 바람결이
지난 일들을 반추하고
멀리서 저녁노을이 서러움에 얽힌

절절한 사연의 통곡을
검붉게 태우고 있었다

집으로 돌아오면서
다시는 돌아올 수 없는 그 모든 것
다 흘려보내고서도
마음은
강물을 가로지른 다리 밑을 서성이고 있었다.

눈물

앞길의 장애가 되어
발을
헛딛게 하기에

앞길의 등불이 되고
그 가치를
알게 하기에

처음엔
참았다가
다음엔
흘려도 좋을
눈
물

여인의 냄새

은은한 난향 같은
라면 머리칼 셋팅젤 해님 냄새
두툼 얇지도 않는 앵두 빛 입술
터져 내밀 듯한 하얀 젖꼭지 냄새

하얀 윗저고리
검정 줄치마

살랑살랑 아스팔트 위 떠가는 검정가방
베이지색 얼멍한 신발 냄새

바람은 간간히 그물 안개를 일고
먼 거리 불빛 달 저녁
달무리지며 두둥실 떠간다.

인연을 찾아

숙명이었을까
비껴간 인연
침묵의 얼굴 돌리던 그 때
내 나래 무참히 접히고 말았으니

뼛속 후비는 세월,

이제는 잊으리

강물이 여울져 흐르는 동안
먼먼 그리움이
외로움 하나 찾으리
그것이
언제 어떻게 라고
알 수는 없으나

그리움과 외로움이 반반 나눌
가슴이었으면
더할 나위 없는 인연인 것을

찾으리라
필연이던 우연이던
물결치는 거리감으로
소리 없는 메아리로
외로움이 그리움을
그리움이 외로움을
기댈 수 있는 가슴으로
일찍이 접었던 나래 펼치리라.

바람에게

창 흔들림 느끼실 양이면
지나가는 바람 속에 내가 숨어
한숨 짓는 줄 알아주오.

그대 귓가에 무슨 소리 울린 듯
느껴질 양이면
쫓아오는 그림자 속에 내가 숨어
그대 부르는 줄 알아주오.

깊은 밤 잠 못들고
가슴 설레일 적엔
보이지 않아도 그대 곁에
내 입김 서려온 줄
생각해 주오.

꽃잎 사연

벚나무 사잇길 꽃비 쏟아져
그대 그리움 쌓여갑니다
가슴속 담아두었던
사연을 풀어헤치듯
바람은 헤집고 들어와
꽃비 날리는 사연을 흔들어 댑니다
황홀한 입맞춤으로 그대 향기를 뿌리던
새로운 날을 디딤 하듯 가슴 설레던
휘휘 휘감던 꽃잎 사연을
깊게 새기며 걸었습니다

밤낮으로 가지마다에
밝혀놓은 등불
숱한 날들을 보내고 기다리며
깊어가는 사랑을 위해
이 많은 꽃비를 준비했나 봅니다

꽃잎으로 뜬 그리움은
그대와의 사랑을 탓하지 않은 듯
되돌릴 수 없는 낙화에 쓴 사연을
그대께 띄웁니다.

그녀는 지금

폰이 울린다.

음성만으로도
난
그녀의 모습을 그린다.

그녀는 지금
바람보다도 가벼운 몸짓으로
날 기다리고 있다.

홀로 돌아오는 길

그대 곁에 있을 땐
내 마음 한없이 즐거워지고
헤어져
홀로 돌아올 때는
흡족하던 마음 허전하여라.

그러나 모를 일이다
어이하여 마음 기뻐지는지,

언제나 한결같은
내 마음 속

그윽한 정으로 나를 품은
그대가
나직이 숨 쉬고 있기 때문인지.

그대에게 1

그대를 만남으로
어둡던 내 뒤란에
등하나 밝혀졌음을
보았습니다

그리움의 등가로
손짓하는 그대는
시린 언덕을 넘어온 자만이
느끼는 떨림입니다

모든 것을 물들이며
다가온 가을
그대 빛깔로 물들이려

따순 가슴을 열고
그대 앞에 서서
가만히 불러봅니다.

그대에게 2

문득 스치는 회상 속에서도
서로 반가운
그런 사람 되었으면 합니다

인생의 힘겨운 무게로 하여
막막할 때
기뻐하기도 하고
설레이기도 하면서

서로 위안이 되고
마음 기댈 수 있는
그런 사람 되었으면 합니다

언제고 부르면
달려올 수 있는 자리에
오랜 약속으로 머무르며

서로 연연한 그리움으로 바라보고픈
한없는 사람 되었으면 합니다.

사랑인지 그리움인지

그대로 하여 뒤척이는 밤
달빛마저 속삭이며 와서는
잠들지 못한 눈꺼풀을 간지럽힌다

그대 목소리 귓전에 돌고
그대 숨소리 가슴에 스며
달빛에 붓끝을 세우는 밤

내게로 오는 그대
그대께로 가는 내가
시간이 흐를수록 그리움은 깊어가
잠들지 못하는 이 밤

달빛에 마음을 포개고
그대를 부른다

그리워 젖은 속눈썹
이슬 맺혀 흐르지 않게
그리움 보다
사랑하는 날이 많아지기를
기도하는 밤.

달빛 빛나는 초저녁

달을 맞으러
옥상으로 올랐습니다

구름 사이로 내려다보는
저 둥근 달님
환한 미소를 띄우며
눈빛 시리도록 바라봅니다

그대를 그리워하다
내 가슴 속
아름다운 보석으로 박혀버린
그대
그것이 진정 사랑이라면
고요히 간직하렵니다
아 아름다운 그대여 사랑합니다.

사랑이라면

하얗게 쏟아지는 달님마저
살짝
얼굴 붉히는 밤입니다

홀로 잠 못 드는 밤의 꽃자리
오묘한 바람은 감돌고
그대로 하여
부옇게 바람꽃이 피었습니다

이런 밤이면
그대도 듣습니까?
소리 없이 밀려오는
자연의 애처로운 소리를

기다림을 삭혀가며
산다는 것이
그리움의 연속이라는 것을

거리감으로 물결치는
끊임없는 갈망
달콤한 입맞춤을.

밀어

몸 기우려 마음 줄 때에
이마 하늘거린 머리칼 사이 눈동자
어둠을 밀어내는 별빛 같았어라

하얀 지면에 너울대는 글씨와 함께
가쁜 심장의 고동은
거센 기관과도 같았으리

가슴을 열어 쓴
가녀린 글씨
화답에 부르는 음악과 같이

그대 가슴과 눈빛 합한 마음을
소리없는 메아리로 느낌을 받을 때

나는 황홀한 기쁨에 잠겨
그 가슴 비밀을 헤아린 순간
갑자기 맞부딪치는 눈빛 뜨거웠어라.

가을 날

숲의 나뭇잎들이
금빛으로 타오를 때
우린 연인이 되어
오솔길을 따라 갑니다

깍지 낀 손을 꼬옥 쥐고
수채와 같은 계곡길을 따라
정답게정답게 걸어갑니다

탄성소리에
나뭇잎들이 우수수 떨어집니다
우린 시인이 되어갑니다
소년소녀가 되어갑니다

숲속에서 무지개가 빛납니다
나뭇가지마다 살랑대는 잎새 사이로
수런대는 목소리와 함께

깊은 가을 날 사랑하는 이여
흐르는 거울 같은 개울물 속

비치는 그림자
스적대는 바람이 낭만 합니다

더는 말할 수 없는 이 순간에.

하늘이 허락한 그날까지

방금 만나고 돌아서면
또 그리워지는 그대

뜨거운 가슴
가눌 길 없어
불붙은 언어로 다가온 사연

이것이 사랑이라면
우리 만남 시가 된 하늘가에

아름다운 시(詩)마을 하나 일구며 살아요
하늘이 허락한 그날까지
우리 사랑 가꾸며 살아요.

부부

운명으로 만나
마음과 가슴을 열고
서로의 단점까지
사랑으로 덧입혀가며

제 몸을 태워 불 밝힌
촛불이 되리

삶의 여정에서
그것이 설령
서로 구속하는 감옥일지라도
나는 그 안에서
피안의 꽃을 피우리.

산소 같은 그대

잠에서 깨어보면
그대는
아침 꽃으로 피어있습니다

별빛 흐르는 꿈길에서
능금처럼 익어가는
세월의 강 언덕에서

버거운 짐을 함께 나누며 걸어주는
아름다운 사람

나의 삶에 꽃향기로 드날리는
산소 같은 그대를
꽃이라 부르고 싶습니다.

5

이용사의 노래

정별곡(情別曲)

춘삼월 헤어질 때
가을 다시 만날 기약
한 마디 던져놓고
나그네로 떠돈 세월
고향땅
그리는 아내
세상 보고 싶구나.

타관땅 귀뚜라미
상봉할 날 재촉 한다
흐르는 시공 속에
언제간지 저문 한 해
건넨 말
헛되이 그만
맺은 언약 잃었네.

둥지

시작은 이미 절반
어쩔 땐 아웅다웅

은행문 두드릴 땐
무지개로 아롱인 빛

허리띠
다시 졸라매
땀 뿌리며 살란다.

이발소의 일기 1

덥수룩 자란 머리 깎아 달란 할아버지

세월 따라 어지러이 흰 머리칼 휘날린다.

여생은 바람 앞에 떨며 우는 댓잎처럼

할딱거린 가쁜 숨결이 끊어질 듯 이어진다.

바람벽 기대 앉혀 손놀림 눈빛 따라

미친 듯이 몰고 가는 회오리바람처럼

가위질 놀려대는 가락 내 마음도 잘려간다.

이발소의 일기 2
–방문 이발

두세 살 아이처럼
앞 뒷간 못 가리고
혼은 이미 하늘로 올라
평화가 문 밖인데

살아온 회심의 끈을
모질게도 잡고 있소?

자네들 젊다고 큰 소리 치지마라
인생사 새옹지마 꿈속의 소풍길

머잖아
황혼길 들 때
내 마음 알 것이냐.

이발소의 일기 3

흰 머리 곱게 다듬어 달란 할머니
눈빛이 그렁그렁 하시다
큰아들 집 방 셋에 손자손녀 다섯
작은아들 집에도 간장 빛은 맴돌아
구차스런 연명이란다.

할머니 내 노래 들어 보우

얼른 죽어야제 어떡하면 죽는고
그런 게 요즘엔 하나만 낳은 가벼
단물 쓴물 다 빨리고 거죽만 씐 늙은이가
무슨 힘이 있다고 지랄들이여 지랄들이
인생 잠시여
예순 넘어 해로 늙고
일흔 넘어 달로 늙고
야든 넘어 날로 늙어
즈그도 곧 늙어
할머니는 ㅎㅎㅎ ㅎㅎㅎ ㅎㅎㅎ.

이발소의 일기 4

지식이 풍부한 당당한 할아버지
요즘 고역이란다.

시골 막내 딸 집 간단다.
오남매 키워 여의고
더 줄 향기 없는 빈껍데기란다.

이를테면
며느리들이 떠돌이를 만든다는데
작은 아들집에는 안 가보세요?
막내 아들 집에는 궁금하지 않으세요?
조용히 살고 싶어도
뾰쪽한 재간이 없다는 할아버지
시골 막내 딸 집 간단다.

이발소의 일기 5
– 인삼 행상 할머니

인삼 뿌리 다듬는 손
옹이진 팔순 할메
이 빠진 모음 하나에
목청이 넘치는 거리
삼뿌리
오가는 발길에
주머니 속 달이 뜬다.

넘는 해 솟는 달 사이
산으로 오르는 바람
구름이 가는 녘을
넋을 놓고 바라서서
할머니
가야할 길에
가슴으로 새가 난다.

이발소의 일기 6
- 방문 이발

모질던 한 생애가
이승저승 넘나든다
잘 한 일 못 한 일들
뒤척이며 회안(悔顔)인가?
하늘에
걸린 명줄을
주여 그만 거두소서.

흰 날개 친구

– 美의 날 축시

날아오르라
어둠을 가르는 신새벽 비둘기처럼
날아오르라
수심서린 뼈마디 한 움큼 희망이 되어
날아오르라

헤브라이, 장바어, 안종호옹
시대를 넘어
이용의 역사를 넘어
장미꽃 가시의 아픔으로
거듭나는 흰 날개 천사들이여
노동 속에서의 노동의 어깨가
봉사 속에서의 보람의 어깨가
비전이 되어
국력이 되어
날아 날아오르라.

모발의 꽃

뇌리의 판단과
번득이는 동공의 자 드리우고
공간을 창조하는 조형가의 심정으로
스타일을 창출하네
사각사각
격음화 현상이 일어나는 말초신경
홰를 치며 낙하하네
안면위로 일월도가 스치우면
밤송이 같이 보숭보숭한
옥체의 일부가 허물을 떨치며
새 모습 되어가네
머리카락 스쳐간 사이사이 빗발이
드라이 열풍 속에
방글방글 춤을 추면
살포시 피어나는
모발의 꽃.

美의 날 우리의 날에

- 제 1 회 부산 이용경기대회 축시

아제비여 북채를 잡아라
이용사의 날 우리의 날에
항도 부산에서 축포가 운다.
빛고을 무등벌에 메아리친다.

팔공산 (대구)
한밭벌 (대전)
한강 건너 남산에도 울렸으리

오늘은
네가 아닌 내가 아닌
외곬길 이용사의 날

때론 고달팠어라
때론 외로웠어라
모든 것 풀어내는 날

지혜를 맞대고

가슴 비비며
어둠의 질곡으로부터 탈피하는
비전의 축포가 운다.

아제비여 북을 쳐라
전국 삼만여 형제여
다 함께 축배를 들자.

이발소의 아침

아침을 모로 누워 억겁을 뒤척이다가
세월의 눈금 위로 연대표를 쌓으며
센머리
손으로 쓸어
눈썹달에 걸었네.

그림자 길어가는 너무나 먼먼 산길
거울 속 하얀 세상 하루를 지나고 나면
마주한
그 얼굴들이
창유리에 걸려온다.

가위날 푸른 손짓 봉황으로 피는 날은
찾아드는 손님마다 무지개로 머리 감겨
내 마음
내미는 자리에
눈을 뜨는 꽃씨 하나.

세월

동안이던 얼굴이
주름이 깊어졌다
내가 심은 나무들도
몸집이 제법 굵다
돌아본
세월의 업이
설레는 물살 같다.

지족(知足)

마음을 비우니
마음이 가뿐하다
양심껏 살아가니
마음 또한
떳떳하다
모든 일
지족함으로
늘 느낀 행복이여.

사봉이(봉사)

지팡이 눈을 삼아
이곳저곳 잡화행상
양철문 두드려서
집안으로 들어서는
하루끝
이부자리에
오늘 수확 셈을 한다.

방황

계절은 입춘인데
세상은 삼동이라
하늘만 보고 사는
속마음 알 것 같고
때없이 내린 찬서리
몸 사리기 바쁘다.

꽃잎은 이레이고
인생은 육순인데
한 마당 꿈꾸는 건
너와 나 다름없고
그 저렁 살다갈 세상
욕되게나 말아야지

삶이란 짧다하나
예술은 끝이 없어
남겨질 이름 석 자
적어둘 곳 마땅찮아
떠도는
꽃구름 위에
뿌려 놀까 하느니.

투전

시작은 장난내기
말들은 그런다만
몇 닢 따고 몇 닢 잃고
풍선되다 홍어 속되

뒤끝은
쓸개 속보다
씁쓸한 본전 생각.

무등산에 올라

잠시 먼지를 피해
무등산에 올라섰다
내가 살던 빛고을
소줏병 하나에 다 들고
저 아래
높낮은 건물
성냥갑 속에 다들었다.

무등산과 지리산
손가락 사이에 끼운다
가슴을 내밀고
긴 한숨을 내 뱉는다
광주는
내 눈 하나에
살아나고 죽는다.

공허한 거리

갈길 모르는 채
투정으로 서운턴 날
의식은 가지 끝에
파르르 날갯짓만
꽃마저 없는 무화과
애처로운 나무여.

골다공증 환자처럼
도심 속을 떠돌다가
잡풀 뽑아버리던
산산한 가슴으로
패기는
중천에 뜬 태양
일렁이고 있습니다.

길

숨죽여 일어서는 풀섶에 물어서가자
한 평생 가슴에 고인 모래알 같은 사연
피말은
등불을 켜고
푸른빛 떠있는 길.

밤마다 깊은 강 건너
산국화 피어난 오솔길
솔부엉이 울음에 바랜 달 한쪽 뜨고
두텁고
진한 목소리
불러대는 어머니 손짓.

마침내 여기까지 이대로 왔습니다
풀잎이 우거진 솟아나는 언덕에
묻어둔
작은 솔씨 하나
하늘빛 우러르고.

담 너머 살구나무 꽃부리에 맺힌 눈물

감싸는 미소를 햇살에 말립니다
바람은
너울을 벗고
물빛시를 씁니다.

이용사의 노래

작사 설 상 환
작곡 최 익 봉
노래 라 영 란

1절

일세기 이끌어온 선배들에 피땀어린
자랑스런 이용역사 이어받은 우리들은
환경의 일익을 꽃피우는 부용예술인
사회에 봉사하는 우리는 이용사
더욱더 닦고닦아 쾌적공간 이루세
우리터전 이용문화 새장을 열어가세.

2절

백만 명 굳게뭉친 한가족 이용사회
서로 도운 우리들은 하나되는 형제자매
신기술 창출하는 조형예술 선구자
긍지와 자부심의 우리는 이용사
더욱더 갈고닦아 세세토록 빛내세
무궁한 이용문화 새장을 열어가세.

이용사의 노래

힘차게

작사 설상환
작곡 최익봉
노래 라영란

뒤돌아 보면

꿈꾸던 봄은 가고
창창한 여름도 가고
낙엽 지는 가을 길을 걷고 있다
뒤 돌아 보면
잘 살아 왔냐고
묻지도 말아
부끄러워 하지도 마라

좋은 세월은 이미 갔어도
다 산 게 아니야
잘 살아 봐야지
이 세상 모든 인연들
감사하며 소중하게
그렇게 살아가야지
세상 멀어진 그날 까지
아낌없는 사랑 나누며.

6

민조시
(강천산 테마시)

강천산 테마시
–만물상

호남의
금강이라

만물상 적벽

하늘 나는 바위.

강천산 테마시
–계곡

하늘을 품에 안은

강천산 가슴

달님탕
별님탕.

강천산 테마시
-석탑

청태 낀 5층석탑

그날의 흔적

빨치산,
토벌대.

강천산 테마시
-三印臺

나랏일
꿋꿋기상
혼불로 들린

三先生 절의탑.*

*순창군수 충암 김정, 담양부사 눌제 박상, 무안현감 석헌 유옥이 중종반정으로 폐위된 왕후복위 상소문을 작성하였던 곳.

강천산 테마시
-투구봉

天馬는 마이산에 투구는 강천
하늘人 天子님.

한울 꿈 펼칠 날에 다시 오시리,
배달족 주인님.

강천산 테마시
-용소

병든 모
약초뿌리
망각의 용소
선녀품에 빠져.

한쌍된
거북바위
옥황상제 덕
천년사랑 전설.

강천산 테마시
-부처바위

도선*의
도량터라

합장한 두 손
영겁의 비나리.

*신라 진성여왕 원년(887년) 도선국사가 강천산 부처바위를 보고 강천사를 창건

강천산 테마공원
-깃대봉

고구려 주몽님의
빗나간 화살,

강천에 꽂힌 터.

강천산 테마시
-신선봉

신선봉 올라보니
내가 곧 신선,

아는 이만 알아.

강천산 테마시
-성테마공원

원초적 알몸으로
천지 살꽃향,

애 농사 짓는 중.

강천산 테마시
-천자봉

새파란 구름 두른
天子님 별장,

산길 막혀 못가.

강천산 테마시
-시루봉

선녀들 하늘 잔치
김안개 서린
흰쌀떡 시루봉.

강천산 테마시
-승녀

배시시
서있는 달
배옷 걸친 달
손 모으는 구름.

강천산 테마시
- 병풍폭포

하늘빛 씻어내린
천녀 옷자락

강천 관음보살.

|해설|

흰 머리 민비녀로 떠오른 '흰 달'같은 노래들

– 설상환 시인의 시를 읽고 나서

김 종
(시인, 문학박사)

설상환 시인은 1992년에 龍鳳洞에 둥지를 틀었다. 이후 93년 봄《문맥》에다「떠나는 날」,「부모사곡(父母思曲)」등을 발표하면서 문학 세상에 얼굴을 내밀었다. 그 후 그는 여러 문학지와 신문, 잡지 등에 시 작품을 발표하면 서 문학적 역량을 길렀고, 1994년《문예사조》,《문학춘추》등 2개의 문학지에서 각각 시와 시조로 등단의 영광을 차치하였다. 설 시인은 추천받던 해 5월에 부모님에 대한 자식으로서의 죄스러움을 담은 80여편의 시작품들을 묶어 처녀 시집을 출판했다. 그리고는 그 시집들을 이웃들에게 배포하여 아름답고도 간절한 시심을 나누었다.

인생역정과 생활현실이 정직한 시어

설시인은 직업이 이발사이다. 현재는 광주의 한 아파트촌에서 「고향 이발관」이라는 간판을 걸고 한 손에는 빗과 이발기를 다른 손에는 시창작을 위한 필기구를 들고 자신만의 시심을 가꾸고 있다. 이번 시집 『붕어빵이 행복한 이유』에는 자신의 인생역정과 생활현실을 정직한 시어로 다듬은 100여편의 작품이 설시인 자신의 순박하고 진실한 표정만큼 독자를 향해 눈빛을 던지고 있다.

설시인은 전북 순창에서 태어났고 16세부터 객지밥을 먹으며 자랐다. 고독이 파도처럼 밀려드는 밤이면 그 밤의 끝자락을 밝히기 위한 자신과의 싸움을 벌이며 낮에는 생업을 위해 일을 했고 밤이면 고단한 몸을 이끌고 이 지상에 살아있음에 대한 고투를 전개했다. 이것들 모두를 하나하나 구슬을 꿰어 보배를 만드는 심정으로 시로 엮어내고 다듬어 갔다. 첫시집에 이어 이번의 시집에서도 그같은 자신만의 시간을 간절한 시어에 가늠하고 있다.

> 툇마루 걸터앉아 달과 벗삼던 시절
> 곰방대로 대뜸 내 뒷통수 갈기며
> 이놈아, 커서 무엇이 되려냐
> 하시던 할아버지 사후에도
> 호통소리 요란코
> 주먹밥 한 덩이 지게뿔에 달고
> 강천산 넘나들던 저부재고개
> 달이 뜨면

잠시 나뭇짐 벗어놓고
소망 빌던 양철집 머슴
덩치 큰 밥보는
지금은 어느 하늘 아래서
문패는 달았을까

-「둥근 저 달 속에」 일부

지금은 아파트 촌에서 일하고 있지만 설시인이 일하는 그 아파트촌 사이에도 달이 뜨고 유년의 꿈이 노래처럼 흐르고 있다. 배경은 "강천산 넘나들던 저부재고개"이며 시간은 "툇마루 걸터앉아 달과 벗삼던 시절"이다. 달이 뜨는 밤이면 "이놈아 커서 무엇이 되려냐"하시며 호통치시던 할아버지의 그 모습도 이제는 다다를 수 없는 그리움이 되었다. "주먹밥 한 덩이 지게뿔에 달고" 달이 뜬 밤까지 나무짐 져나르던 양철집 머슴의 모습이 그리도 잊히지 않는 간절한 일이 되었다. 그때 양철집 머슴은 "덩치 큰 밥보"였으니 실컷 밥이나 먹게 해 달라고 소망을 빌었을까. 아니면 예쁜 색시 얻어 아들 딸 낳고 잘 살게 해달라고 빌었을까.

달 밝은 밤에 어른이 되어 생각한 밥보 머슴의 일이 새삼 "지금은 어느 하늘 아래서 문패는 달았을까"를 되뇌일만큼 그리운 것이 되었다. 「떠나는 날」에서 읽은 '아미산 자락'의 연꽃동산 집에서도 설시인의 유년적 그리움은 이어진다. 가랑비 내리는 밤 시간에 "훌쩍 떠나면 언제 볼꺼나" 서로가 애태우며 이별의 한스러움을 나누던 시간이 산까치 울음소리처럼 청랑하게 스며온다.

설시인의 유년 정서는 "높낮은 구릉들 사이"에 "먼산의 능선을 타고 오는" 앙칼진 바람소리에 모아진다. 제목은 「들녘」인데 풍요로움은 간 데 없고 "진절머리 넌덜머리 곯아터진" 농부들의 움츠린 삶이 이랑이랑을 잡아 바람소리처럼 물결쳐온다.

설시인이 바라다 본 '들녘'은 예의 그 넉넉함과 너그러움이 담겨있지 않다. 농촌파탄의 소리가 그 어느 때보다 높아진 시간에 말뚝처럼 못 박힌 "내동이 친 삽자루 낫자루"나 "삐쩍 마른 허수아비"며 "별들만 무성한 목메인 들녘"이라는 표현은 아픔의 공간처럼 을씨년스럽다. 「어느 농부의 죽음」은 이미 제목에서 하나의 분명한 사건을 읽을 수 있다. 대를 물려 지켜온 시간이 통곡으로 밀물지고 "하얗게 드리눕는 죽음같은" 들녘이 "빚더미 농부"의 "물거품 농사"를 숙명처럼 안고 있다.

은하수 총총 수심어린 별빛이 내리고

그래도 농촌은 순박함이 숨쉬는 우리들 세상의 마지막 유토피아이다. 제 아무리 "약속의 땅"이 의인은 드물고 속물만 우글대지만 (「흙의 분노」) "끝없는 날개짓을 하며" 자유를 실꾸리처럼 풀어내는 지상 (「새」)이 아무래도 우리네 천석고황같은 전원이 아닐까.

눈발이 날리면

누렁이 활개치는 꼬리를 따라
앞산 이마 쩡쩡 울린
한 마당 굿판이 된다

당산 언덕 위
할아버지 할머니
익살스런 웃음 사이로

수심 서린 은하수 총총히 밝고
주름 깊은 아낙들 층층한 살림
모닥불로 피어오른 마당 가운데
찬바람도 한바탕 씽씽 휘돌아 가면

정갈한 눈빛으로
살아가는 법을 고즈넉이 말하는
전원 속의 사람들

죽순 같은 희망으로
그 자리 그대로 서서
하늘을 우러러 눈을 뜨는
천상의 사람들.

-「전원 4」 전문

어린 날, 우리는 명절을 맞아 마을을 돌던 농악패의 그 상모 돌리는 솜씨며 깽매깽매 울려 퍼지던 깽매기 장단을 잊지 못한다. 위의 시 「전원. 4」도 눈발이 날리던 날 "앞산 이마가 쩡쩡 울리도록 벌어진 한마당 굿판"이 이 작품의 배경이다. 그리고 이같은 굿판에는 으레껏 너나없이 하나가 되어 어깨춤, 궁둥이 춤이라도 들썩거리지 않고는 배길 수 없는 신명이 곁들여진다. 남녀가 따로 없고 노소가 따로 없다. 보릿대 춤이라도 추지 않고는 몸이 근질거려 가만히 서 있을 수가 없는 것이다. 이럴 때 당산 언덕에서 굿판을 지켜보던 "할아버지 할머니"의 익살스런 웃음이 흐르고 그 사이로 은하수 총총 수심어린 별빛이 내린다. 설상환 시인의 시 작품이 이쯤해서 한결 빛을 더하고 신명을 보탠다. 이미 할아버지 할머니의 익살스런 웃음 사이에는 우리네 사림살이에서 골패인 "주름 깊은" 시름인들 고여들 틈이 없다. 그저 모든 것이 비켜가고 흘러가고 날아가는 것이다. 잔치마당은 달아오르고 "찬바람도 한바탕 씽씽"거리며 상모패와 함께 휘돌아 나갈 뿐이다. 이럴 때 사람들은 "정갈한 눈빛"이나 "죽순같은 희망으로" 그 자리 그대로 서서 하늘을 우러러 살아가는 법을 눈뜨는 것이다.

대저 사는 일을 한마디로 결론 지을 수는 없다. 그러나 하늘만을 희망 삼고 지어준 운명만을 어기거나 비껴가는 법 없이 정갈한 눈빛으로 살아가는 사람들은 확실히 이 지상에 정직하게 발붙이고 살지만 그들은 다름 아닌 천상의 사람이 아니고 무엇인가.

신기술 창출하는 조형예술의 선구자

그러나 설시인의 일상은 이발소에서 열린다. 그가 16세부터 떠돌았던 객지가 그의 생활을 위해 가르쳐 준 천명이 바로 이 이용업이기 때문이다. 그래서 그는 다음처럼 노래한다.

덥수룩 자란 머리 깎아 달란 할아버지
세월따라 어지러이 흰 머리칼 휘날린다
여생은 바람 앞에 떨며 우는 댓잎처럼
할딱거린 가쁜 숨결이 끊어 질 듯 이어진다
바람벽 기대앉혀 손놀림 눈빛 따라
미친 듯이 몰고가는 회오리 바람처럼
가위질 놀려대는 가락 내 마음도 잘려간다.

-「이발소의 일기 1」 전문

위의 작품에서 읽어낼 부분은 "여생이 바람 앞에" 댓잎처럼 떨며 우는 할아버지와 "가위질 놀려 대며" 흥얼이는 '나'가 대조적으로 드러난 부분이다. 작품속의 할아버지는 화자의 이발소를 단골로 다니는 고객이다. 그는 "덥수룩 자란 머리"를 하고 나타나 단정히 짧게 잘라 달라고 했을 것이다. 그러던 그가 이제는 세월의 바람 앞에 어지러이 흰 머리칼이나 날리는 모습을 하고 있다.

화자는 눈길을 주며 바람벽에 기대 앉힌 손님을 향해 분주히 손놀림을 하고 있다. 그는 그 손놀림을 "미친 듯이 몰고가는 회오리바람"에 비유하고 그 같은 손놀림 뒤에 자신의 마음도 잘려 나간다고 하였다. 이때 화자가 말한 잘려나간 마음이란 할아버지의 늙어버린 세월 때문인지 자신의 지나간 세월 때문인지는 분명치 않다. 그러나 분명한 것은 이 같은 표현 뒤에 오는 형언할 수 없는 그 우수의 감정이다. 요컨대 살아가는 것은 살아온 세월의 흔적 위에 우수를 남기고 지나온 시간을 되돌아보는 일인지 모른다. 또다른 「이발소의 일기」에는 "자네들 젊다고 큰소리 치지 마라 인생사 새옹지마 꿈속의 소풍길" 이라는 대목이 나온다. 이 작품에서도 이미 나이가 들어 "두 세 살 아이처럼 앞 뒷간 못 가리는" 한 노인네의 안타까운 모습을 문자화 시킨 것이다. 노인네는 지나온 세월을 반추하며 젊다고 큰 소리치는 이들에게 가라앉은 목소리로 "인생의 일이란 어차피 새옹지마이며 꿈속에 불려나온 소풍길"이라 일러준다.

설시인의 작품 중에 「이용사의 노래」가 있다. 그는 이 작품을 써서 이용업계로부터 공로패를 받았다고 했는데 그는 이 노래의 내용에다 이용기술을 "신기술 창출하는 조형예술의 선구자"라 하였다. 그리고 "긍지와 자부심"으로 하나되는 형제 자매가 되자고 외친다. 이 노래의 작곡과 노래까지를 이용업계의 종사자가 참여했는지는 의문이다. 그러나 작사자를 동업종에 종사하는 설시인을 선택한 것은 여러 면에서 의미가 크다.

절망보다도 무겁던 배고픈 시절의 진실이

이제 접어드는 길목에서자, 설시인의 작품에는 드러나

게 유년적 정서가 구사되어 있다. 돌아보면 굽이굽이 자신의 눈물과 애환이 김서리지 않은 곳이 없었을 터인즉 그 느낌 또한 유다르게 선명했을 것이다. 어쩌면 그것들은 "좀더 깊숙이 들어서면 튼튼한 비늘떼로 버티고 있는 고기들의 침묵"(「겨울강」)같은 시간이었을 법도 하고 "본성과 이성과 감성을 지닌" "달빛 미소" 같은 "당신"의 모습(「연꽃」)으로 다가오기도 했을 것이다. 그러나 그에게 유랑의 강물은 끊이지 않았고 그래서 더더욱 손내밀어 잡아보고픈 간절함이 되어 "바람보다도 가벼운 몸짓으로" 다가왔는지 모를 일이다. 그에게 일상은 손님의 머리를 만지고 깎아주고 다듬어 주는 일의 반복이다. 이같은 반복은 이내 시창작으로 이어져 자신의 초록빛 희망을 불켜는 싱그러움에 나아간다. 그는 살아가면서 모래알같이 많은 이야기의 강을 건너 왔다. 그것들은 모두가 별무리의 눈을 뜨고 설시인의 언어속으로 달겨들었다. 그리고 그것들이 건져지는 순간순간의 파닥거리는 고기 비늘같은 작품들이 작품집 속에 모여마을 하나를 이룬 것이다.

주린 창자를 채우고
허리 굽은 흰 머리 민비녀로
흰 달이 떠올라
큰 아버지 푸성귀 뜯어 나르던
발채 사이로 달빛이 서린다
보리밭 그 이랑으로.

-「보리밭」 일부

보리밭 그 이랑, 그 이랑마다 주린 창자를 쪼그륵거리게 했던 배고픈시절이 있었다. 아니 이 나라 오천 년의 세월 그 모두가 이같은 배고픔의 아픈 세월이었다. 시작품에 드러난 대로 주린 창자를 채우고 허리 굽은 흰 머리 민비녀로 떠오른 "흰 달"의 정체는 그의 절망보다도 무겁던 배고픈 시절의 화자의 모습일지 모른다. 그때는 나물죽에 생키 벗겨먹던 것이 고작일만큼 손놓고 살았던 세월이며 달빛의 아련함만 유령처럼 아른거렸다. 그러나 설시인에게는 이제 행복한 휘파람 같은 시가 있고 아내가 있고 사랑스런 자식이 있다.

그리고 벌써 그 휘파람같은 시를 써서 부모님께 바쳤고 또다시 두 권째의 시집을 엮고 있은 것이다. 이 시집이 어느 누구의 서가에 꽂힌 노래가 되고 기쁨이 되고 보람이 될 망정 그의 휘파람의 세월은 강물처럼 멀고 먼 여행을 중단하지 않았던 것이다. 그래서 그에게는 조금쯤은 "칸델라의 불빛"이 필요하기도 할 것이고 "무심코 지나던 바람"도 살며시 불러들여 이마 맞대고 소곤대는 정겨운 이야기와 후후 불어 한 입 베어먹는 "붕어빵"에의 그 달콤함같은 인생을 위해 남들이 모두 졸거나 코고는 시간까지 등대처럼 홀로 서서 가위를 쥔 바쁜 손놀림 같은 골똘한 생각 끝에서 뽑아낸 몇 구절의 시를 지키며 "어느 재벌보다 떳떳한 부자"로 살고 살고 또 살아갈 것이다. 그래 우리는 그의 「붕어빵이 행복한 이유」를 읽으며 이 글을 마친다.

칸델라의 불빛아래
삶의 거짓과 위선이 걸치레한 옷을 벗고
자존심과 부끄러움을 붕어빵 속에 꼭꼭 숨기며
빵 굽는 아줌마의 사랑이 피어오른 이곳

무심코 지나던 바람도 살며시 다가와
서성이다 돌아가는 소슬한 계절
스산한 거리에서 배고픈 사람에게
따끈한 붕어빵 하나 선물할 수 있는 여유와
빚덩이의 어느 재벌보다 떳떳한
부자라는 넉넉함이 풍기는 이곳

붕어빵의 따끈한 체온만큼이나 부풀어 오른
빵 굽는 아줌마의 사랑이 소복이 쌓인
빵을 먹는 사람들이 행복해 하는 이유가
바로 그것이었나 보다

한시름 놓인 어둠의 파수꾼 가로등이
포장마차 위 어둠을 밝히다 깜박깜박
졸고 있는 새
쨍그렁 몇 닢 동전에
붕어빵이 빛나고 있다.

설상환 시집
붕어빵이 행복한 이유

2014년 7월 1일 인쇄
2014년 7월 10일 발행

지은이 | 설 상 환
펴낸이 | 강 경 호
인쇄 · 기획 | (주)시와사람
등 록 | 1994년 6월 10일 제 05-01-0155호
주 소 | 광주시 동구 금동 8-1번지
전 화 | (062)224-5319
팩 스 | (062)225-5319
E-mail | jcapoet@hanmail.net

ISBN 978-89-5665-403-4 03810

값 10,000원

공급처 ■ 한국출판협동조합
경기도 파주시 탄현면 오금리 202번지
주문전화 (02)716-5616, 070-7119-1740